अनुभूति - नई उड़ान

(आधुनिक हिन्दी कविता संग्रह)

सौमिक दाश

BookLeaf Publishing

India | USA | UK

Copyright © सौमिक दाश
All Rights Reserved.

This book has been self-published with all reasonable efforts taken to make the material error-free by the author. No part of this book shall be used, reproduced in any manner whatsoever without written permission from the author, except in the case of brief quotations embodied in critical articles and reviews.

The Author of this book is solely responsible and liable for its content including but not limited to the views, representations, descriptions, statements, information, opinions, and references ["Content"]. The Content of this book shall not constitute or be construed or deemed to reflect the opinion or expression of the Publisher or Editor. Neither the Publisher nor Editor endorse or approve the Content of this book or guarantee the reliability, accuracy, or completeness of the Content published herein and do not make any representations or warranties of any kind, express or implied, including but not limited to the implied warranties of merchantability, fitness for a particular purpose.

The Publisher and Editor shall not be liable whatsoever...

Made with ❤ on the BookLeaf Publishing Platform
www.bookleafpub.in
www.bookleafpub.com

Dedication

"साहित्य का पतन, राष्ट्र के पतन का संकेत है।" – अज्ञात

यह पुस्तक उस महान भाषा को समर्पित है, जिसने मुझे भारतीय होने की पहचान दी—जिसने मेरे विचारों, भावनाओं और संवेदनाओं को शब्दों का स्वरूप देकर मेरे व्यक्तित्व को आकार प्रदान किया। यही भाषा मुझे मेरे अतीत से जोड़ती है, मेरी सांस्कृतिक जड़ों की गहराई से परिचित कराती है, और मेरे देश की विविधताओं में मेरी विशिष्ट पहचान को परिभाषित करती है।

साहित्य केवल शब्दों का संकलन नहीं, बल्कि हमारी चिंतनशीलता, भावनात्मक गहराई और राष्ट्रीय चेतना का प्रतिबिंब है। जब साहित्य दुर्बल होता है, तो समाज की समझ और संस्कृति की शक्ति भी क्षीण होने लगती है। इस पुस्तक के प्रत्येक शब्द में उस भाषा के प्रति मेरा गहन सम्मान और स्नेह समाहित है, जिसने मुझे भारतीय होने का गौरव प्रदान किया।

Preface

कविता मेरे लिए केवल शब्दों का संग्रह नहीं, बल्कि मेरे अनुभवों, भावनाओं और उन अनकहे लम्हों की आवाज़ है जिन्हें मैं कभी पूरी तरह से व्यक्त नहीं कर पाया। यह पुस्तक उन संवेदनाओं की परिणति है, जो जीवन के हर पड़ाव पर मुझे स्पर्श करती रहीं—कभी आनंददायक, कभी पीड़ादायक, कभी अनिश्चित, और कभी आशा से परिपूर्ण। "**अनुभूति – नई उड़ान**" मेरे भीतर की पीड़ा, सोच और यादों को नए रंग और नई दिशा देती है।

इस संग्रह की प्रत्येक रचना एक यात्रा है—आत्म-चिंतन की, स्मृतियों की, और उन संबंधों की, जिन्होंने मेरे व्यक्तित्व को आकार दिया। मेरी आकांक्षा है कि यह पुस्तक केवल मेरे अंतर्मन की अभिव्यक्ति न रहे, बल्कि पाठकों के हृदय में भी अपनी गूंज छोड़ सके।

पाठकों से निवेदन है कि यदि कहीं संपादन या मुद्रण में कोई त्रुटि रह गई हो, तो कृपया मुझे अवगत कराएँ। मैं उसके लिए क्षमाप्रार्थी हूँ और सदैव आपका आभारी रहूँगा। ईश्वर से प्रार्थना है कि आपका जीवन सुख, शांति और समृद्धि से परिपूर्ण हो।

Acknowledgements

यह पुस्तक हिंदी साहित्य की स्वर्णिम विरासत को व्यापक पाठकवर्ग तक पहुँचाने का मेरा विनम्र प्रयास है। बचपन से ही कविताएँ मेरे सबसे करीबी साथी रही हैं—जीवन के अनेक रंगों की सच्ची प्रतिध्वनि। हिंदी कवियों की गौरवशाली परंपरा से जुड़ना मेरे लिए अत्यंत सम्मान की बात है।

इस रचनात्मक यात्रा में मेरे साथ रहे सभी प्रियजनों के प्रति मैं अपनी हार्दिक कृतज्ञता व्यक्त करता हूँ:

- **मेरे माता-पिता एवं समस्त परिवारजनों को**—आपके निरंतर प्रोत्साहन और मेरी क्षमताओं में अटूट विश्वास के लिए मैं आपका ऋणी हूँ।
- **मेरे मित्रों एवं सहयोगियों को**—आपकी निष्पक्ष आलोचनाएँ और स्नेहपूर्ण सराहना ने इस पुस्तक की आत्मा को गढ़ने में महत्वपूर्ण भूमिका निभाई। आपकी सूझबूझ ने मुझे भावों की सटीक अभिव्यक्ति के लिए मार्गदर्शन प्रदान किया।
- **मेरे संपादक एवं प्रकाशक को**—आपका मार्गदर्शन, धैर्य और उत्साहवर्धन प्रत्येक चरण में अमूल्य रहा।

अंत में, **मेरी पत्नी श्रेया और पुत्र प्रनील को**—आपका प्रेम, धैर्य और निरंतर सहयोग इस रचना के मूल आधार हैं। आपके विश्वास और समर्पण के बिना यह संभव नहीं होता। यह पुस्तक जितनी मेरी है, उतनी ही आपकी भी।

1. मंज़िल की तलाश

कभी जो ख़्वाब था, वो पा लिया है
मगर जो खो गया, वो क्या था?

चलते-चलते राह में कुछ लोग छूट गए,
कुछ अपने थे, जो खामोशी में रूठ गए।
मंज़िल तो मिल गई, तन्हा खड़ी थी,
पर भीड़ में भी अब वो बात नहीं थी।

चेहरे पे मुस्कान है, पर आँखें थकी हैं,
भीतर कहीं जज़्बात अब भी दबी हैं।
जो पाया है, उसका शोर बहुत है,
पर जो गया, उसकी ख़ामोशी में दर्द बहुत है।

वक़्त ने जितना दिया, उतना ही चुरा भी लिया,
हर जीत की कीमत में कोई सपना बहा भी गया।
जो था कभी मैं — वो तस्वीर धुंधली सी लगती है,
अब अधूरा हूँ, पर शायद पूरा दिखता हूँ कहीं।

हाथों की लकीरों में कुछ नाम मिट गए,
बच गए बस धुंधले से निशान, जो रह गए।
अब समझ लिया है — हर खुशी अधूरी होती,
और हर मुलाक़ात में जुदाई ज़रूरी होती।

शायद मंज़िल, कोई जगह नहीं,

बस आत्मा की एक झलक है।
सफ़र ही असली पहचान है,
क्योंकि इंसान टूटकर भी सपने सजाता है।

2. जागो भारत

जलती रहीं जोहर की नारियाँ,
भेड़िए तब भी मौन थे।
हमें पढ़ाया गया अकबर "महान",
तो फिर प्रताप से भयभीत कौन थे?

कहा गया — चरखे ने आज़ादी दिलाई,
पर फाँसी चढ़े वो जवान कौन थे?
जो हँसते हुए तिलक लगा शूली पर चढ़े,
वो भारत के सच्चे पहचान कौन थे?

जिनके लहू से ये धरती महकी,
जिनकी सांसों में क्रांति थी,
उन्हें भुला दिया इतिहास ने,
क्योंकि उनकी बातों में सच्चाई थी।

अब वक्त है स्याही बदलने का,
हर झूठी गाथा मिटाने का,
जो झुके नहीं, जो बिके नहीं —
उन वीरों का मान बढ़ाने का!

वो थे कदम जो थमे नहीं राहों में,
जो मुश्किलों को भी साथी मान चले।
हर अंधेरे से जूझे वो दिलेर रहे,
जिनकी छवि ने कभी सपनों को सींचे।

उनकी ही गूँज है कानों में अब,
बंदूक से लेकर कलम तक की जंग।
खुली आंखों से देखो सारा सच,
महानता के पार हो एक और रंग।

3. आईने का शहर

इस शहर में
चेहरे हँसते हैं
पर आँखें नहीं।

आईने दीवारों पर
धूल की चादर ओढ़े हैं —
शायद अब
कोई खुद से मिलने नहीं आता।

सड़कों पर भीड़ बहती है,
जैसे हर इंसान
अपने ही साये से भाग रहा हो।

मुस्कुराहटें अब विज्ञापन बन गई हैं,
दिल — एक बंद अलमारी।
जहाँ यादें भी
कीमत देखकर रखी जाती हैं।

हमने दुख बाँटना
सीख लिया है,
खुशी बाँटने में
झिझकते हैं।

कभी किसी आईने से पूछना —

क्या हम जीवित हैं
या बस
एक चलते शहर का
चलता हुआ भ्रम?

4. कदम-कदम है ज़िंदगी

कदम-कदम है ज़िंदगी,
उलझन भरी किताब,
सवालों का अंत तक,
नहीं मिलता जवाब।

हर पन्ना कुछ कहता है,
कुछ सपनों की गूँज सुनाता है,
कुछ पन्नों पर हँसी बिखरी,
तो कहीं आंसुओं का रंग समाता है।

राहें कभी सीधी लगतीं,
कभी भूलभुलैया बन जातीं,
एक मोड़ पे उम्मीदें खिलतीं,
दूसरे मोड़ पे खो जातीं।

हम ढूंढते रहते हैं मायने,
हर शिकन और हर निशान में,
पर वक्त सिखा जाता है —
सफ़र ही असली पहचान है।

पन्ने पलटते रहे उम्र के,
कुछ सपनों से रौशन थे,
कुछ पन्नों पर धूल जमी,
कुछ बिल्कुल ही अनकहे थे।

कभी सोचा — मंज़िल ही सबकुछ है,
फिर जाना — सफ़र ही असली माया है,
जो जीत गया खुद को भीतर से,
वही जीवन का ज्ञानी है।

कभी रुककर खुद से पूछो,
तुम्हें सच में क्या पाना है?
मंज़िल कोई ठिकाना नहीं,
बस भीतर का ठहराव पाना है।

हर सवाल का जवाब नहीं होता,
कुछ रहस्य अनकहे ही अच्छे हैं,
ज़िंदगी का असली सौंदर्य तो,
अधूरे सफ़र में ही सच्चे हैं।

5. मुस्कान

सब कुछ तो पा लिया मैंने इस जीवन में,
फिर भी मन मेरा आज भी वीरान क्यों है?
समंदर समेट रखा है अपनी मुट्ठी में,
फिर भी दो बूंद की प्यास बाकी क्यों है?

कसूर तो मेरा ही है, सच मानता हूँ,
फूल चाहा था कि पत्थरों पर भी खिले।
आसमान को कदमों तक खींच लाना चाहा था,
इस हठ की सज़ा अब खुद को मिली है।

सोचता हूँ – इन नए रंगों में खो जाऊँ,
जो नहीं मिला, उसे भूल जाऊँ।
जो मिला है उसी में सुकून ढूँढूँ,
हर दर्द दिल से मिटा दूँ, हर तकलीफ़ भुला दूँ।

पर अपने इस दिल का क्या करूँ,
जो आज भी कुछ समझना नहीं चाहता।
अरमानों की समाधि बना दी है इसे,
फिर भी दबी चिंगारियाँ कभी-कभी भड़क उठती हैं।

ज़ख्म इतने गहरे हैं कि आज भी रिस आते हैं,
हर गिरती बूंद अतीत को खोजती है।
साँसें रुक-रुक जाती हैं, आवाजें टूट जाती हैं,
दिल यूँ ही बेकरार होकर रो उठता है।

कभी लगता है — तुम मिलोगे मुझे,
दिल को ये यकीन होने लगता है।
फिर जाने क्यों ये दिल सहम उठता है,
एक दबी फरियाद भीतर से उठती है।

उस पल कोई नहीं होता — न पास, न दूर,
सिर्फ़ एक आवाज़ गूंजती है भीतर, "चुप... चुप... चुप..."

क्या मेरा दर्द तुम्हें दिखाई नहीं देता?
या तुम जानबूझकर न देखने का नाटक करते हो?
शायद इसीलिए जब-जब मैं चीखता हूँ,
तुम मेरी नाकामी पर मुस्कुराते हो !

6. संघर्ष

हर सपना पूरा नहीं होता,
पर हर संघर्ष व्यर्थ नहीं होता।

बूँद चाहे सागर तक न पहुँचे,
पर धरती को हरियाली दे जाती है।
दीप चाहे आँधी में बुझ जाए,
पर अँधेरों को ललकार कर जाती है।

कभी पथरीली राहों में ठोकरें,
हमें गिरना सिखाती हैं।
और कभी असफलताओं की चोटें,
मन को हीरा बनाती हैं।

मंज़िल मिले या राह में खो जाएँ,
महत्व सफ़र का रह जाता है।
हर कदम का अपना इतिहास है,
हर आँसू एक उजाला जगाता है।

जीत का अर्थ केवल मुकुट नहीं,
हार का अर्थ केवल अंत नहीं।
क्योंकि संघर्ष ही सच्चा प्रमाण है,
कि हमने जीकर जीवन को जाना है।

7. सूखी रोटी का गर्व

मुझे उनसे क्या लेना-देना,
जो रक्त-घी से अमीरी के दीप जलाते हैं?
मेरी तो पहचान है उनसे,
जो स्वेद में डूबोकर सूखी रोटी चबाते हैं।

वे जिनके कदमों तले खेत कुचल जाते,
जो सोने की थाल में अनाज उछालते,
क्या जानें भूख की आग क्या होती है,
क्या समझें आँसू से गीली रातें कैसी होती हैं।

मैं झुकता हूँ उन हथेलियों पर,
जिनमें मिट्टी की सोंधी महक बसी है।
जहाँ दरारें हैं, पर उम्मीदें भी,
जहाँ कठिनाई है, पर हिम्मत भी अडिग खड़ी है।

निज स्वार्थ हेतु जो रिश्ते तोड़ते,
निज पहचान हेतु जो सपनों को कुचलते,
वे शायद भूल गए हैं यह सच,
कि श्रम से ही सूरज हर सुबह निकलते।

हर घूँट पसीने का, हर कण मिट्टी का,
कल का भविष्य बनाता है।
जो खेत जोतता है, जो ईंट गढ़ता है,
वही जीवन को चलाता है।

अमीर वो नहीं, जो सोने की गिनती करे,
अमीर वो है, जो भूखे को रोटी दे।
वैभव के दीप बुझ जाएंगे एक दिन,
पर श्रम का प्रकाश अमर रहेगा सदा के लिए।

अब वक़्त है, कि हम भी चुप न रहें,
उन हाथों की ताकत को पहचानें।
जो खून-पसीने से दुनिया गढ़ते हैं,
उन्हीं को उनका हक दिलाएँ।

आओ हम मिलकर यह राग सुनाएँ,
उनकी मेहनत की गूंज को फैलाएँ।
जो आवाज़ छुपी है, उसे जगाएँ,
उम्मीद के दीप, हम सब साथ जलाएँ।

8. सफ़र का सच

रास्ते पूछते हैं, मंज़िल कहाँ है,
मैं कहता हूँ — अभी तय तो करना है।
हर मोड़ पे ठहरा जो भी पल भर,
वो सिखा गया, सफ़र ही जीवन है।

चलते-चलते चेहरों की भीड़ मिली,
हर कोई अपनी थकान लिए चला।
कोई हँसते हुए दर्द छुपाता रहा,
कोई रोते हुए मुस्कान लिए चला।

मंज़िल की चमक जब पास आई,
तो एहसास हुआ — कुछ खो गया।
जिसे पाने चले थे उम्रभर,
वो तो रस्तों में ही कहीं खो गया।

सफ़र का सच यही कहता है,
कि अंत नहीं, राहें गाती हैं।
जो ठहर गए, वो मिट गए,
जो चलते रहे — वही कहानी बन जाती है।

हर कदम पर मिले नए सबक,
हर धड़कन में छुपा एक सपना है।
सपनों की चादर ओढ़े, हम बढ़ते रहे,
खुद को खोजते, एक नई धुन में रहते रहे।

कभी पत्तों की सरसराहट, कभी बादलों की छाँव,
हर आवाज़ में बसी हौसले की कोई आवाज़।
सिर्फ मंज़िल नहीं, राहों का भी जश्न मनाएं,
सफर की हर बूँद में अपने जीने का एहसास पाएँ।

9. हरियाली का संदेश

नीला गगन, काली घटाएँ,
मन को मधुर संदेश सुनाएँ–
“त्याग दो चिंता, दुख और बोझ,
मुझमें समाकर पाओ संयोग।”

कल-कल करती निर्मल नदियाँ,
झरनों की धुन मनभावन।
अडिग खड़े पर्वत शिखर,
ज्यों धैर्य का अटल आभरण।

सघन अरण्य जीवन का आधार,
फिर क्यों करते हम बार-बार वार?
प्रकृति से ही है हमारी पहचान,
फिर क्यों बने इसका ही दुश्मान?

यदि न रोकी जंगल की कटाई,
तो आएगी विपदा घोर–
सुनामी, बाढ़, भूकंप, सूखा,
सब देंगे हमें चीत्कार।

आओ स्वीकारें अपनी भूल,
और ढूँढें जीने का अनुकूल।
कुछ ऐसा करें कि हम भी खिलें,
और यह मुरझाई प्रकृति फिर से हँसे।

उगाएँ नए प्रेम के बीज,
हर धरा को दें सजीव आशा।
संग-साथ चलें हम सब मिलकर,
बनाएँ फिर से सजीव ये दिशा।

हर शाख पर कोयल गाए,
फूलों की मुस्कान लाए।
संगीत से भरे ये वादियाँ,
सिर्फ प्रेम की गूंज फैलाए।

10. तेरे बिना

तेरे बिना
साँसें चलती हैं —
पर पूरी नहीं लगतीं।

तेरी जुदाई ने समझाया,
दर्द भी
प्यार की तरह अमर होता है।

तेरे ख़्वाब
अब भी पलकों पर टिके हैं,
तेरी याद
दिल के आईने में धुंध सी।

रात को तेरा नाम पुकारा —
चाँद चुप रहा,
सितारे गवाह बने।

वक़्त बहुत कुछ मिटा देता है,
पर तू —
अब भी ज्यों का त्यों।

तेरे बिना
हर रंग फीका,
हर सुबह अधूरी।

अगर कभी लौट सको
तो आना,
जैसे बारिश लौटती है —
सूखी ज़मीन पर।

11. हौसला

जो रास्तों के अंधेरे से हार जाते हैं,
वो मंज़िलों के उजालों को पा नहीं सकते।
जिनके कदम थककर ठहर जाते हैं,
वो नई दिशाओं को छू नहीं सकते।

हवा चले चाहे विरुद्ध दिशा में,
दीया वही जलता है जो डगमगाता नहीं।
सपनों का सफ़र आसान नहीं होता,
पर जीत उसी की है जो ठहरता नहीं।

हर ठोकर में छिपा सबक है कोई,
हर हार में नई शुरुआत का शक है कोई।
जो गिरकर भी उठते हैं मुस्कुरा कर,
वो ही इतिहास में नाम लिखवा सकते हैं।

रास्ते चाहे काँटों से भरे हों,
पर मंज़िलें दिलेरों के क़दम चूमती हैं।
जो राख से फिर खुद को गढ़ लेते हैं,
वो ही किस्मत की तस्वीरें बदल देते हैं।

12. वियोग

आज फिर लौट आईं वो ताज़ा यादें,
वो बिछड़ते दिनों की वो सुहानी शाम।
तुम घटाओं से उतर आईं जब चुपके से,
हैरान-सा मैं खड़ा बस तुम्हें निहारता रहा।

तुम्हारी होठों पर न मुस्कान का छांव,
न आँखों में कोई जादुई चमक।
फिर भी जो ममता ने छू लिया मुझको,
वो थी तुम्हारी अनमोल सरलता की झलक।

तुम्हारी चाल में न एक भी संकोच,
न शब्दों में छुपी कोई मीठी रार।
चेहरे पर थी बस एक अदृश्य चाहत,
मुझको अपनी ओर खींचती बेमिसाल बहार।

कैसे बोलूँ तुम्हें दिल की बात सारी?
कैसे खोलूँ वो अरमान अधूरे?
लब ओझल, रूह तड़पती रही धड़ास,
कैसे दिखाऊँ जख्म अपनी धड़कते हुए?

चुपके से निहारता रहा तुम्हें मैं,
ना एक वाक्य, ना एक आह-ओह।
तुम्हारी नयनों की अन्न-भिनभिन वेदना,
कवियों के सपनों सी, गहरी और बेहिसाब।

उस ठगी-सी निगाह में अटक कर,
तुम अचानक गायब हो गईं।
जहां उतरी थीं, वहीं लौट आईं,
और मैं वहीं रह गया तनहा, आश्ज़ग था।

सालों से मैं पूछता खुद से बार-बार,
क्या तुम स्वप्न थीं या कोई संयोग?
फिर जब खड़ा होता हूं उसी वीराने में,
दिल के कोने में जाग उठता है वियोग।

पर थोड़ी थाम लेता हूँ खुद को मैं,
कहकर, “तुम यहां नहीं, तुम कहीं नहीं।”
पर दिल ही दिल में पुकारता है बारंबार,
“तुम यहीं हो, यहीं कहीं हो।”

आँखें भर आती हैं नीर-बिंदुओं से,
एक तड़प उठती है गहराई में जख्मों की,
अनकहे दर्द का जनम लेता अंजुम,
और फिर गहरा हो जाता है मेरा वियोग।

फिर भी मैं उठ खड़ा होता हूँ हर बार,
तुम्हारी यादों के चांद में, जियूँ एक आसमान।
कोई लहर दस्तक देती है, फिर से लौट कर,
मेरे दिल में बसी हो तुम, मेरी ज़िंदगी की पहचान।

13. अनसुनी आवाजें

जीवन के एक पूरे दौर मे,
ना जाने कितनी आवाजों को हम अनसुना कर देते है |
आवाजें चीखती है, चिल्लाती है
और हम आगे की तरफ बढ़ते चले जाते है |

पर क्या कभी सोचा है,
कि आवाजें आखिर हमें क्या सुनाना चाहती है ?

हमें तो आदत है मुर्दों के तरह जीने की,
इसीलिए तो किसी के आँसू हम देख नहीं पाते |
कोई गिरता भी है, तो हम हँसते है,
उसे उठाने के बजाय, खुद को ना गिराने की सोचते है |

पर क्या यही जीना है,
अगर हाँ, तो मरना क्या है ?

दुनिया बदलती है, लोग बदलते है,
पर आवाजें जिन्दा रहती है |
हमारी नीचता का अहसास कराने को,
हर पल इर्द-गिर्द हमारे घूमती है |

दो वक्त की रोटी के लिये लाखों अपना खून बहाते है,
और चन्द खुशनसीब मजे से ऐश्वर्य-दीप जलाते है |
पर हमें उनसे क्या लेना, जो रोज - रोज मरते है ?

हमें तो प्रेम है उनसे, जो रोज दुसरों को मारते है |

धर्म की रक्षा के लिए जिसने रावण को मारा,
आज हमें उस राम की तलाश है |
पर हर तरफ छाई खामोशी से लगता है,
कि इस युग मे राम को आजीवन वनवास है |

कोई तो उठे, कोई तो सोचे,
इस गहरे अन्धकार मे रोशनी तलाशने को,
दूसरो का दर्द समझने को,
हर अनसुनी आवाजें सुनने को |

14. चलना अब भी बाकी है

ना थके हैं पैर कभी,
ना कभी हिम्मत हारी है,
मैने देखे हैं दौर कई,
आज भी सफर जारी है।

कभी राहों ने काटे डाले,
कभी आंधियों ने रोका था,
पर कदम नहीं डगमगाए,
जज़्बे ने खुद को टोका था।

थोड़ी ठोकरें, थोड़े ज़ख्म,
पर मन में अब भी चिंगारी है,
जो कहती है – "चलते रहो",
अभी बाकी ये मंज़िल सारी है।

हर सूरज डूबेगा सही,
पर उगेगा फिर वो प्यारा है,
क्योंकि जो चलता रहता है,
वही असल में सितारा है।

धूप ने जलाया तन मेरा,
पर छाँव ने मन समझाया,
हर ज़ख्म ने कुछ सीखा दिया,
हर दर्द ने गीत सुनाया।

कदमों के नीचे धरती है,
नज़रों में अम्बर भारी है,
सफ़र अभी अधूरा सही,
पर उम्मीद अभी जारी है।

ना मंज़िल का कोई डर मुझमें,
ना हार की कोई कहानी है,
बस चलते रहना आदत बन गई,
यही मेरी सच्ची निशानी है।

15. जादू

पता नहीं तुम दिल में समा गए कैसे,
पहली नज़र में साँसों में बस गए कैसे।
तेरी खुशबू से मेरी रग-रग महक उठी,
तुम मेरी रूह तक उतर गए कैसे।

हवा खिलाफ थी, दुनिया भी थी बेरहम,
मेरा हाल सुनकर, तुमने मुझे पाया कैसे।
मेरे टूटी उम्मीदों के वीरान शहर में,
तुमने मोहब्बत का दीप जलाया कैसे।

जब झुकी निगाहों से तुमने मुझे देखा था,
दिल ने पहली बार खुद को पाया कैसे।
तुम्हारे नाम से ही धड़कनें धड़क उठीं,
ये पागलपन तुमने जगाया कैसे।

हज़ारों लोग थे दरम्यान, पर सब खो गए,
बस तुम्हारा ही चेहरा रह गया कैसे।
मेरी दुनिया से मेरा सब कुछ चुरा लिया,
और मुझे मेरा ही न रहने दिया कैसे।

मैं तरसता था कभी खुशबू के लिए,
तुमने मेरी रूह को गुलाब बनाया कैसे।
सूखी डालों पर बहारें लौट आईं,
तुमने मौसम को फिर सजाया कैसे।

मुझे तो मुस्कुराना भी नहीं आता था,
अपनी अदा से तुमने हँसाया कैसे।
तुम्हारी हँसी से ही दुनिया रौशन है,
मेरे हर अंधेरे को मिटाया कैसे।

मेरी खामोशियों को तुमने गीत बना दिया,
कवि ना था मैं, तुमने बनाया कैसे।
तुम्हारी मोहब्बत ही मेरी तालीम बनी,
दिल को दिल से मिलाया कैसे।

तुम हो तो हर मौसम में बहार रहती है,
तुम बिन ये दिल तड़प के रोया कैसे।
तुम्हारे बिना ये साँसें भी अधूरी हैं,
तुमने जीना इतना ज़रूरी बनाया कैसे।

पता नहीं तुम दिल में समा गए कैसे,
पहली नज़र में साँसों में बस गए कैसे।
तुम ही हो मेरी दुआओं का हासिल,
मुझे तुमसे इतना प्यार हुआ कैसे।

16. वतन के नाम

लो, यह मेरा शरीर,
लो, यह मेरा संकल्प!
रग-रग में बहता भारत है,
यही मेरा धर्म, यही मेरा व्रत!

यह देश मेरा, यह पर्वत मेरा,
हिमालय का हर शिखर पुकारे!
जहाँ तिरंगा ऊँचा लहराए,
वहीं मेरा प्राण निसार हो जाए!

घर-घर में चेतना जागी है,
हर दिल में अब भारत भागी है!
माँ की माटी का ऋण चुकाने,
हर सिपाही आग में भागी है!

लो, यह मेरी आहुति,
यह मेरा प्रणाम महान!
भारत माँ के चरणों में,
निवेदित मेरा जीवन, मेरा मान!

17. बचपन का घर

वो बचपन का घर याद आता है,
छोटी-सी दुनिया, बड़ा सा सपना,
मिट्टी की खुशबू, बरसों पुराना,
हर कोना कुछ कहता जाता है।

माँ की ममता की रसोई में,
रोटियों पे प्यार सजाया था,
पिता की छांव, एक ढाल सी,
हर डर को उसने भगाया था।

छत पे लेट के तारे गिनना,
बेफिक्री में वो रात बिताना,
कागज़ की नावें, बारिश का पानी,
हर पल में बस जादू छिपा था।

खिलौनों की छोटी-सी दुनिया,
गुड़ियों के संग घर बसाना,
झगड़ा कर फिर मान भी जाना,
वो भोलेपन का दौर सुहाना।

गलियों की शोर भरी वो मस्ती,
नंगे पाँव दौड़ना धूल में,
हर मोड़ पे इक किस्सा बिखरा,
हर दीवार पे कुछ यादें चिपकीं।

अब बड़े होकर जब थकते हैं,
वक़्त से रोज़ लड़ते जाते हैं,
तब दिल से इक आवाज़ उठती—
"वो बचपन का घर याद आता है।"

18. शान्ति की तलाश

चल खोंजे कोई ऐसा चमन,
जहाँ मिले हमें शान्ति, सुकून और अपनापन।
जहाँ पंछियों की तान हवाओं में घुल जाए,
और हर पेड़ की छाँव में कोई दुआ सी बह जाए।

जहाँ सूरज की रोशनी पत्तों से छनकर मुस्काए,
और चाँदनी रातें चुपचाप दिल से बातें कर जाए।
जहाँ चारों ओर ऊँचे पहाड़ हों मौन प्रहरी जैसे,
और कल-कल करती नदीयाँ थकावट बहा ले जाए।

ऐसी ही किसी शान्त नगरी में साथी,
रह लेंगे हम दोनों, होकर तल्लीन।
ना कोई शोर, ना कोई दौड़, ना कोई पहचान,
बस हम, हमारी साँसें, और सृजन का नया विधान।

हम मिटा देंगे हर आडम्बर, हर दिखावा,
और रचेंगे एक सृष्टि — निर्मल, कोमल, सच्चा।
जहाँ शब्दों की ज़रूरत ना हो,
बस मौन में भी प्रेम की भाषा बहती रहे।

जहाँ हर सुबह एक नई प्रार्थना हो,
और हर रात एक आत्मिक विश्राम।
जहाँ हम ना खोएँ, ना पाएँ —
बस बहते रहें उस परम शांति के संग।

जहाँ हर बूँद में नदियाँ हंसें,
और हर फूल से महकती खुशबू बहे।
जहाँ समय थम जाए, विचार शान्त हों,
और प्रेम की ये छाया हमेशा हमें घेरे।

चल खोंजे, मेरे साथी, एक ऐसा सफर,
जहाँ हम खो जाएँ, बस मन की गरमी में।
तब हर पल होगा एक नया अध्याय,
जहाँ जीवन होगा एक मधुर रागिनी में।

19. ख्वाबों की उड़ान

बड़े ख्वाब वो ही पूरा करते हैं,
जो हार के भी मुस्कुराते हैं।
अंधेरी रातों में भी जो जलते हैं,
वो ही सितारे कहलाते हैं।

ना ठोकरों से डरते हैं,
ना आंधियों से मुंह मोड़ते हैं।
जो गिरकर भी फिर उठते हैं,
वो ही मंज़िल जोड़ते हैं।

असंभव कुछ भी नहीं होता,
बस हिम्मत से रास्ते बनते हैं।
जुनून अगर दिल में सुलगे,
तो पत्थर भी फूल बनते हैं।

चलता रह, थमता क्यों है,
तेरा सफ़र ही पहचान बने।
जो सपनों पे यकीन रखे,
वो ही खुद अपनी उड़ान बने।

जो सपनों की रोशनी बिखेरते,
हर ठोकर को मुस्कान में ढालते।
कभी न रुकें, कभी न झुकें,
वो ही जीवन में उमंग भरते हैं।

हर मुश्किल को आसान बनाएं,
हर ख्वाब को हकीकत सी सजाएं।
जो दिल की आवाज़ सुनते हैं,
वो ही नए आसमान छूते हैं।

20. वीरों का ऋण

है गर्व मुझे उन वीरों पर,
भारत माँ के जो बेटे हैं,
हो जान से प्यारा वतन हमें,
शिक्षा इस बात की देते हैं।

इसी आज़ादी की खातिर ही,
दी है जान देश के हीरों ने,
यूँ ही नहीं मिली आज़ादी,
है दाम चुकाए वीरों ने।

किसी ने सीमा पर लहू बहाया,
किसी ने फाँसी का फंदा चूमा,
किसी ने भूख में दिन बिताए,
पर वतन को ना कभी झुकाया।

उनकी कुर्बानी की खुशबू आज,
हर फिज़ा में बस जाती है,
जब गूँजता है "जय हिन्द" का स्वर,
रग-रग में बिजली सी दौड़ जाती है।

उनके स्वेद की हर बूँद में,
अभी भी वो जज़्बा जागता है,
हर पर्व, हर तिरंगे संग,
वो बलिदान झलक जाता है।

चलो झुकाएँ शीश सभी,
उनकी पावन याद में,
कर्ज़ है जो हम पर उनका,
उतारें कर्म के साथ में।

वो जो गए, अमर हो गए,
उनसे ही ये साँसें हैं।
हर दिल में उनका वास रहे,
वो ही हमारी शान है।

हर रणभूमि गवाही दे,
अब भी वही कहानी है।
लहू से सींचा जिस माटी को,
वो भारत हमारी जान है।

21. महँगाई वाली दिवाली

त्यौहारों का गला दबाया,
बदसूरत महँगाई ने,
जो लड्डू सौ में आते थे,
अब बस यादों में समाए।

दीया जलाना चाहा दिल से,
तेल की कीमत ताना मारे,
पेट्रोल उड़ा गगन की ओर,
गैस सिलेंडर ठहाके मारे।

प्याज़ टमाटर राजा बन बैठे,
सब्ज़ीवाले भाव सुनाएँ,
जैसे कोई राजपत्र पढ़े,
और जनता आँसू बहाएँ।

सरकार कहे — "सब सस्ता है",
हम पूछें — "कहाँ भला भाई?",
वो बोले — "टीवी देखो ज़रा,
वहीं दिखे राहत की परछाई।"

फिर भी दीपक जलते घर-घर,
आशा की लौ टिमटिमाती,
त्योहार नहीं, अब तो बस —
महँगाई वाली दिवाली आती।

उपसंहार: जागृति की एक चुस्की

सूरज ने अभी-अभी अपनी सुनहरी किरणें उत्तर भारत के एक दूरस्थ गाँव की नींद में डूबी छतों पर फैलानी शुरू की थीं। धुंध ज़मीन से ऐसे लिपटी थी जैसे कोई रहस्य, और हवा में ओस और लकड़ी के धुएँ की महक घुली हुई थी। मैं एक सादे से चाय के ठेले के सामने खड़ा था, जिसकी फीकी सी तख्ती सुबह की हवा में हल्के से झूल रही थी। मैं एक पुराने बेंच पर बैठ गया — ऐसा बेंच जिसने हजारों कहानियाँ सुनी थीं और एक भी नहीं भूली। मेरे पास दो अधेड़ उम्र के पुरुष बैठे थे, उनके हाथों में गर्म कुल्हड़ थे और आवाज़ें धीमी लेकिन उत्साही। मैं उनकी बातचीत की लय में खिंचता चला गया।

पहला व्यक्ति: "तो... तुम्हारी हिंदी साहित्य की कक्षाएँ कैसी चल रही हैं?"

दूसरा व्यक्ति: "काफी अच्छी। कल मैंने आधुनिक हिंदी कविताओं का संग्रह पढ़ा। मैं उन्हें अपनी कक्षा 10 के छात्रों के साथ चर्चा करना चाहता हूँ। ये विचार... इन्हें युवाओं तक पहुँचना चाहिए।"

पहला व्यक्ति: "सच में? किताब का नाम क्या है? किसने लिखी है?"

दूसरा व्यक्ति: "एक नए लेखक की है... नाम याद नहीं आ रहा। लेकिन शीर्षक है '*अनुभूति – नई उड़ान*'। तुम्हें भी पढ़नी चाहिए।"

पहला व्यक्ति: "*अनुभूति – नई उड़ान*... नाम ही कविता जैसा लग रहा है। अच्छा लगता है कि युवा मन साहित्य को संवार रहे हैं।"

मेरे चेहरे पर एक हल्की मुस्कान आ गई। उस पल में मैंने बदलाव की धड़कन महसूस की — हल्की, लेकिन स्पष्ट। ऐसा बदलाव जो शोर नहीं करता, बल्कि चाय की प्यालियों के बीच फुसफुसाता है। मैंने एक

कप चाय मंगाई, उसकी गर्माहट ने मुझे ज़मीन से जोड़ा, और मैंने स्थानीय अखबार खोला। लेकिन मेरा मन किताब के शीर्षक पर अटका रहा, उस कक्षा पर जो जल्द ही कविताओं से गूंजेगी, और उन नई भावनाओं की उड़ान पर — *नई उड़ान* — जो एक गाँव के दिल से उठ रही थी। और कहीं अखबार के पन्नों की सरसराहट और प्यालियों की खनक के बीच, मुझे एहसास हुआ हिंदी साहित्य में क्रांति तो पहले ही शुरू हो चुकी है।

"हर चाय की प्याली में एक नई कथा उभरती है,
हर धुंधली सुबह में एक नया सपना आकार लेता है।
बातों में उनकी जैसे भावों के पर लग जाते हैं,
गाँव की हर गली में कविता के सुर सज जाते हैं।

उम्मीद की किरण से लिपटी,
एक नई वाणी अब फड़फड़ा रही है—
जो सुनहरी सुबह के साथ,
साहित्य के आकाश में उड़ान भरने को तैयार है।"

www.ingramcontent.com/pod-product-compliance
Lightning Source LLC
Chambersburg PA
CBHW070039070426
42449CB00012BA/3106
9781807151102